Técnicas
y consejos
para
DEJAR DE
FUMAR

imaginador

Carlos F. Rothmann

Técnicas
y consejos
para
DEJAR DE
FUMAR

imaginador

Primera edición: agosto de 2001

I.S.B.N.: 950-768-361-5

Se ha hecho el depósito que establece la Ley 11.723
Copyright by GIDESA
Buenos Aires - República Argentina
IMPRESO EN ARGENTINA - PRINTED IN ARGENTINA

INTRODUCCIÓN

Este libro intenta ser su compañero fiel, el amigo siempre presente al que usted puede acercarse cada vez que lo necesite para darse valor, para estimularse, para sostenerse y contenerse, porque el camino que está por emprender es difícil, pero los beneficios de atravesarlo son tan grandes que vale la pena intentarlo una y mil veces hasta llegar a la meta.

Dejar de fumar es un proceso, a veces más corto, a veces demasiado largo, lleno de pasos hacia delante y hacia atrás. No estoy dispuesto a mentirle ni a decirle que usted puede dejar de fumar fácilmente.

Fumar es una adicción y quien fuma es un adicto a la nicotina. Como toda adicción, poder dejarla implica poder comprenderla, y en ese proceso, comprenderse a uno mismo.

No le miento tampoco cuando le digo que dejar de fumar es posible, que existen muchas personas en el mundo que lo han logrado, y que hoy se benefician con una vida placentera de verdad.

5

Porque el placer que se encuentra en un cigarrillo, o en el tabaco en general, termina siendo la ilusión más errónea que se puede llegar a tener.

Deseo que este libro lo ayude a ganar la batalla contra el tabaco, lo más pronto posible.

CAPÍTULO 1

TESTIMONIO
DE UNA EX FUMADORA

La lucha de Carmen
contra el hábito de fumar

TESTIMONIO DE UNA
EX FUMADORA

Antes de pasar al testimonio de Carmen, quiero contarle por qué lo incluí en estas páginas.

Cuando comencé a esbozar los primeros párrafos de este libro, le comenté a Carmen, una amiga mía de muchísimo tiempo, mis intenciones de escribir un libro para ayudar a todas aquellas personas que desean dejar de fumar.

Carmen, hoy ex fumadora, se alegró muchísimo y, fiel a su personalidad "un poco avasallante" -como yo le digo-, enseguida comenzó a darme una serie de indicaciones sobre lo que debía o no escribir.

Tal era su entusiasmo, que a los pocos días llegó a mi casa con una gran cantidad de notas y papeles referentes al tema, y hasta había subrayado algunos puntos para que "no me olvidara de incluirlos".

Pasó el tiempo... Un día, sonó el teléfono en mi casa: era Carmen. Yo estaba en mi escritorio, trabajando en mi computadora y al escuchar su voz, le dije: "A ver, Carmen, ¿me olvidé de contemplar alguna cosa? ¿Hay algo que preferirías que no se incluya? ¿Encontraste un nuevo componente del tabaco que fue descubierto hace dos horas?", pero antes de seguir escuché la voz de Carmen: "No sigas, no sigas... ya entendí tus indirectas. Es cierto que te llamo con referencia al tema del libro, pero es algo totalmente diferente". Carmen había logrado captar mi atención, y rápidamente le pregunté: "¿De qué se trata?". Su respuesta fue la siguiente: "Estuve pensando muy seriamente en este tema y te llamo para ofrecerte algo. Te ofrezco mi propio testimonio, el testimonio de mis sentimientos y sensaciones en la lucha contra el cigarrillo. ¿Cuál es tu opinión?", me preguntó. "¿Te parece que mi testimonio podría ayudar a las demás personas a plantearse seriamente el hecho de dejar el cigarrillo?"

En ese momento, no estaba muy seguro de cuál era la respuesta y le pedí un tiempo para pensarlo.

Yo sabía de la lucha que Carmen había emprendido para dejar de fumar. Sabía de sus intentos y recaídas, de sus frustraciones y angustias. Y también sabía que, después de un largo proceso, había podido eliminar el cigarrillo de su vida.

¿Quién mejor que ella, entonces, para llegar a los demás y contar su propia experiencia?

Llamé a Carmen y le dije que sí, que escribiera lo que ella deseara contar en forma espontánea y naturalmente, y que lo hiciera como si me lo estuviera contando a mí, sin vueltas, y lo más honestamente posible.

Dejar de fumar es posible

Aún hoy no sé si un testimonio puede ayudar a las demás personas a tomar una determinación tan crucial como deshacerse de un enemigo que, poco a poco, e infaliblemente, termina destruyendo la vida.

Pero sí sé una cosa, y esto que sé es lo que me dio el impulso para tomar la decisión de incluir este testimonio en el libro: si al menos una persona se siente motivada por la lectura de la historia de Carmen, y eso la lleva a plantearse seriamente la decisión de dejar de fumar, no ha sido en vano.

EL TESTIMONIO DE CARMEN

Mi nombre es Carmen, tengo 48 años y hace cinco que dejé de fumar.

Estoy casada, tengo una hija adolescente y paso la mayor parte del día trabajando.

Quiero contarles mi propia experiencia: la de convertirme en una ex fumadora, la de optar por una existencia saludable como nunca me había imaginado en mi vida de fumadora.

Empecé a fumar a los 15 años, un poco por curiosidad y otro poco porque la mayoría de mis amigos y compañeros de colegio lo hacían.

Me costó aprender, porque fumar no es natural sino que hay que aprender a tomar el cigarrillo entre los dedos, llevárselo a la boca, dar la pitada justa, no mojar el filtro, inhalar el humo, vivir pendiente del cenicero, etc.

Aprender a fumar es un verdadero trabajo, y aprender a dejar el cigarrillo también.

Cuando empecé a fumar probé la mayoría de las marcas y variedades, lo que me llevaba a consumir una gran cantidad de cigarrillos al día, sólo para descubrir cuál me gustaba más.

Recuerdo que fumar, sobre todo durante la adolescencia, me hacía sentir unida con los demás porque compartíamos algo en común: el cigarrillo. Mis amigos y yo éramos compinches del cigarrillo, nos "cubríamos" en nuestros hogares para que no nos descubrieran, llevábamos perfume y chicles de menta a montones, compartíamos las diferentes técnicas para ocultar el cigarrillo en la mano, jugábamos a quién hacía el aro de humo más perfecto y a quién lograba sacar más humo por la nariz.

Cuando comencé a ir a bailar, la mayoría de los chicos fumaban. A veces, el fumar era una forma de poder entablar una conversación con el otro (sobre todo si el otro me gustaba) por ejemplo, pidiéndole fuego u ofreciéndole un cigarrillo.

Cuando terminé el secundario conocí a mi actual marido, y enseguida nos pusimos de novios. Él también fumaba, y el cigarrillo era parte integrante de nuestra relación. Nos casamos, y al poco tiempo quedé embarazada.

Nunca me planteé dejar de fumar hasta que quedé embarazada. Y ahí comenzó el primer paso en la lucha contra el tabaco.

Para ese entonces yo fumaba alrededor de 20 cigarrillos al día (un atado), y realmente no sentía que quería dejar de fumar sino que debía hacerlo por mi bebé. Ni aun en ese momento era consciente de lo nocivo que es el cigarrillo. Durante los primeros meses de embarazo hice terribles esfuerzos para bajar la cuota diaria y llegué a fumar entre 5 y 6. Sabía que hacía mal al continuar fumando, pero la mayor parte del tiempo negaba la realidad pensando que era mejor fumar un poco para calmar mi ansiedad, que vivir el embarazo llena de nervios y angustias.

Lamentablemente, el cigarrillo no me produjo asco en el embarazo, y durante ocho meses viví pendiente de este tema.

Mi hija nació ochomesina, posiblemente por efecto del cigarrillo, que produce nacimientos prematuros.

Los dos primeros meses de su vida le di de mamar y fumaba lo menos posible, pero al tercer mes, la ansiedad, la angustia y el nerviosismo originados por mi nueva situación de mamá –sumado al hecho de la abstinencia del tabaco– determinaron que dejara de darle de mamar y recurriera a la mamadera.

Los años pasaron y seguí fumando. Esos cuatro o cinco cigarrillos diarios que había conseguido fumar en el período de embarazo, rápidamente se convirtieron nuevamente en veinte.

En esos años, y en los que siguieron, nunca pensé verdaderamente en dejar de fumar.

Hace ocho años, aproximadamente, mi marido decidió abandonar el vicio. Si bien él siempre había fumado, su grado de dependencia era mucho menor que el mío.

En esa época comenzó la catástrofe familiar: el cigarrillo, que había sido hasta ese momento un ingrediente siempre presente en la relación, se había convertido, de la noche a la mañana, en la semilla de la discordia.

Innumerables fueron las peleas que tuvimos: él en contra del cigarrillo y yo, en contra de él.

Mi marido pasó a ser, para mí, un enemigo. Yo le echaba la culpa de presionarme continuamente cada vez que decía que el ambiente del hogar estaba totalmente viciado, que le molestaba sentir olor a cigarrillo, que no dejara las colillas apagadas en el cenicero, que cada vez que me besaba sentía ese gusto espantoso.

Constantemente le recriminaba que ahora pensaba en esas cosas porque había dejado de fumar, pero que ése era su problema, porque era él el que había cambiado, y no yo.

Fueron momentos de gran angustia y ansiedad para mí. Sentía que ni siquiera mi marido me comprendía, y comenzamos a estar cada vez más separados.

A veces, en el medio de una pelea, yo prendía un cigarrillo a propósito para demostrarle mi enojo.

Cada vez que tenía tos o me engripaba, él me miraba con un gesto altamente desaprobatorio, queriendo hacerme entender que ya era hora de dejar de fumar.

Cuando la situación entre los dos llegó al límite de tensión, logramos ciertos acuerdos: él trataría de presionarme y quejarse lo menos posible, y yo trataría de fumar en los lugares más aireados de la casa.

Al tiempo, me di cuenta de que, gracias a ese acuerdo, mi nivel de consumo había bajado. Cuando empecé a sentir que mi marido ya no me presionaba, comencé a entender que realmente yo quería dejar de fumar, pero que tenía mucho miedo. Yo era una persona que fumaba, y no podía verme como una persona no fumadora.

Muchos miedos aparecieron en esa época: miedo a engordar, miedo a dejar de ser yo misma, miedo a volverme una persona malhumorada, miedo a no poder

Fumar crea dependencia psicofísica.

dejarlo. Y cuanto más miedo sentía, más me enojaba conmigo misma, y más angustia sentía en mi interior.

De a poco, comencé a interiorizarme sobre los efectos nocivos del cigarrillo... ¡y me espanté! Durante años y años había estado atacando a mi cuerpo con miles de sustancias altamente tóxicas. El cigarrillo me había arrebatado la posibilidad de disfrutar a pleno mi embarazo y la de dar de mamar a mi hija.

El cigarrillo había creado un clima intolerable en mi hogar y había hecho que, durante algunos años, la relación de pareja se deteriorase.

El cigarrillo me transformaba en una persona dependiente, y su falta me hacía sentir insegura y desvalida.

Todas las veces que sentí que el cigarrillo me beneficiaba, estaba equivocada: el cigarrillo, y el tabaco en general, siempre es destructivo. Las sensaciones de placer eran meras ilusiones. La dependencia a la nicotina hace que el círculo vicioso sea difícil de cortar: cuanto más se fuma, más se desea fumar.

Comencé a sentirme mal, vivía con tos y resfrío, había llegado el tiempo en que los efectos del cigarrillo se hacían evidentes: me costaba respirar, me cansaba más de lo normal, mi ansiedad por fumar era excesiva, no encontraba forma de relajarme si no era con un cigarrillo en la mano.

Por el contrario, comencé a observar el estilo de vida que mi marido había emprendido: se reunía con gente no fumadora para realizar caminatas, iba dos veces por semana a jugar a la paleta, comía sano, se sentía bien, sus músculos estaban más firmes, subía las escaleras sin quedarse sin aire, descubría sabores en los alimentos que eran absolutamente extraños para mí, su piel era más rosada que antes, el color de sus dientes ya no era tan amarillo y, si bien al principio engordó más de lo debido, al poco tiempo –y en base a dietas naturales–, llegó a tener el peso deseado.

Comencé a darme cuenta de que sus proyectos eran más "saludables" que los míos: si bien yo creía que el cigarrillo me reportaba bienestar, en realidad vivía nerviosa, ansiosa, malhumorada, tenía pensamientos negativos, enfocaba mi visión en los problemas casi con exclusividad: todo lo malo me servía de justificativo para seguir fumando.

Mi marido, en cambio, se despertaba con ganas de empezar el día, sus metas incluían actividades en contacto con la naturaleza, se veía mucho más relajado y de buen humor que yo, a pesar de que compartíamos los mismos problemas. Su visión era mucho más optimista, y su energía era mucho mayor que la que yo poseía.

Cuando pude empezar a ser sincera conmigo misma, me di cuenta de que en realidad quería dejar de fumar. Quería ser parte de ese mundo más saludable que veía representado en mi marido; quería ser parte de un mundo en el que no tuviese que desesperarme porque me quedara un solo cigarrillo y los kioscos estaban cerrados; quería ser parte de ese mundo en el que caminar, correr y jugar eran posibles sin sentir la opresión en el pecho o el silbido de los pulmones al respirar.

Quería ser parte de una vida sin toses y catarros continuos; quería redescubrir el sabor y los aromas del mundo... y esa imagen, la imagen de una vida más sana, comenzó a subyugarme.

Muchas son las técnicas que apliqué para llegar a ser una ex fumadora. Cambié mi modo de alimentación, mi forma de pensar y mi forma de encarar los proyectos.

Hoy tengo una vida diferente, más sana, sumamente beneficiosa.

Esa vida se acercó a mí cuando yo le abrí la puerta. No fue fácil, es más, fue extremadamente difícil luchar contra las continuas ganas de fumar. No dejé el cigarrillo en mi primer intento. Tuve varios, pero valieron la pena porque cada uno terminó dándome más fuerzas para encarar el siguiente.

Muchas veces, cuando fumaba, pensaba que "de algo hay que morir". Sí, es cierto, pero hoy entiendo que uno puede elegir de alguna manera cómo desea vivir y cómo desea morir.

No es lo mismo vivir una vida sana que una vida "viciada". No es lo mismo levantarse a la mañana con cansancio, sin fuerzas, con tos y con la urgente necesidad de prender un cigarrillo, que levantarse con ganas de empezar el día y disfrutar del sabor de un jugo de naranja recién exprimido.

Y lo más importante que quiero contarles, es que dejar de fumar es posible. No importa lo difícil que sea el camino para llegar a eliminar al cigarrillo, porque vivir sin fumar vale la pena.

Les aseguro que el día en que ustedes dejen de fumar, entenderán el verdadero valor del aroma de una rosa.

Nunca es tarde para empezar. Hoy es el día.

Carmen

CAPÍTULO 2

EL TABACO

Origen, historia y composición

EL TABACO

CLASIFICACIÓN CIENTÍFICA

El tabaco es una planta que pertenece a la familia de las Solanáceas (*Solanaceace*). Se presenta en dos especies; una es la *Nicotiana tabacum*, llamada "tabaco mayor", y es la más cultivada. La planta adulta alcanza una altura de entre 1 y 3 metros, y produce hasta 20 hojas anchas que brotan de un tallo central. La otra es la *Nicotiana rustica*, llamada "tabaco menor".

CONSUMO

Las hojas del tabaco se curan y secan para ser consumidas.

Una vez curadas, se fuman –en cigarrillo, pipa o puro–, se mascan o se aspiran en forma de rapé (hojas curadas y pulverizadas para poder aspirar el tabaco por la nariz).

HISTORIA

El tabaco es una planta originaria del continente americano, que fue descubierta por los colonizadores españoles al arribar a este continente.

Según las observaciones del propio Cristóbal Colón, la planta del tabaco crecía en forma salvaje y abundante, y los indígenas del Caribe fumaban sus hojas por medio de una caña con forma de pipa a la que llamaban "tobago" (de donde surge el nombre de tabaco para la planta).

Los indígenas atribuían al tabaco propiedades medicinales y lo fumaban, también, en señal de amistad, en ceremonias religiosas y para favorecer el descanso.

Los arqueólogos han encontrado diferentes utensilios de madera, hueso y cerámica con forma de pipa, que datan de la época anterior a la colonización española de América. Este hallazgo certifica la costumbre de los indígenas del lugar de fumar las hojas de tabaco.

En forma extraoficial, existen diversas investigaciones históricas que adjudican el origen del tabaco a antiguas civilizaciones de Asia y África. Según las mismas, el hábito de fumar tabaco se desarrollaba en los estratos más elevados de las sociedades asiáticas y africanas, y de ello han quedado evidencias en papiros, murales y diferentes elementos extraídos arqueológicamente.

EL RECORRIDO DEL TABACO

Una vez conocidas las observaciones de Cristóbal Colón referentes al tabaco, la España colonizadora decidió adueñarse de esas preciosas plantas y así, en 1510, Francisco Hernández de Toledo viajó de América a España con las semillas del tabaco.

A partir de allí, en 1560, el diplomático Jean Nicot la introdujo en Francia y le dio el nombre genérico de *Nicotiana* a la especie.

En 1585, Sir Francis Drake facilitó la entrada del tabaco en Inglaterra.

Rápidamente, la planta llegó a todos los rincones de Europa, se introdujo en Rusia, y en el siglo XVII China, Japón y la costa occidental de África contó con su presencia.

A partir de 1634, España monopolizó el comercio del tabaco. Sin embargo, diferentes contiendas con Cuba, que poseía una copiosa producción, terminaron por convencer al gobierno español y, en 1735, le otorgó la explotación a la Compañía de La Habana.

En los años siguientes, el cultivo de tabaco se extendió por toda América; y para 1881 se inventó la máquina para elaborar cigarrillos, que redujo notablemente el esfuerzo puesto en su producción.

Fue sir Walter Raleigh (1554-1618), escritor inglés, quien inició la costumbre de fumar el tabaco en pipa en la corte de Isabel I.

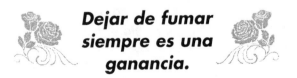

Dejar de fumar siempre es una ganancia.

COMPOSICIÓN DEL TABACO

El tabaco, y principalmente el humo que se aspira al fumarlo, contiene más de 4.000 sustancias que resultan perjudiciales para la salud debido a su poder tóxico.

Entre estas sustancias, las más significativas y que expondremos a continuación, son las siguientes:

* Nicotina
* Monóxido de carbono
* Alquitrán
* Benceno
* Radón
* Amoníaco
* Acetona

* Arsénico
* Butano
* Cadmio
* Cianuro
* DDT
* Metanol

NICOTINA

La nicotina es un alcaloide líquido, oleoso e incoloro, y es la sustancia más adictiva que posee el tabaco.

En los procesos químicos, la nicotina, a través de un procedimiento de oxidación, se utiliza como fuente de ácido nicotínico.

La nicotina ingresa al organismo a través de la aspiración de humo emanado por el tabaco.

De acuerdo con la cantidad de nicotina que ingresa al cuerpo, ocurren diferentes efectos:

• Cuando la dosis es pequeña: actúa como un estimulante del sistema nervioso vegetativo, favoreciendo la liberación de adrenalina.

• Cuando la dosis es alta: actúa como paralizador del sistema nervioso autónomo, impidiendo la transmisión de los impulsos entre las células; estrecha los vasos sanguíneos impidiendo la libre circulación de la sangre; y aumenta la presión arterial. En algunas personas puede producir úlceras gástricas.

El cuerpo necesita aproximadamente 30 minutos para deshacerse de la nicotina que, una vez dentro del organismo, se instala en el torrente sanguíneo. Por esta razón, pasado este tiempo un fumador precisa incorporar una nueva dosis de nicotina a fin de aplacar la ansiedad que su falta le hace padecer.

La nicotina está considerada como una droga que produce adicción física y psíquica.

MONÓXIDO DE CARBONO

El monóxido de carbono es un compuesto químico de carbono y oxígeno. Es una sustancia gaseosa inodora e incolora, que resulta altamente venenosa.

El monóxido de carbono que desprende el humo del cigarrillo es exactamente el mismo que se desprende del caño de escape de un automóvil.

Cuando esta sustancia se inhala, se combina con la hemoglobina de la sangre (encargada de transportar el oxígeno), impidiendo que el oxígeno sea absorbido, por lo que se produce asfixia. Ésta es la razón por la cual un fumador posee una capacidad respiratoria sensiblemente menor que la de un persona no fumadora.

Asfixia

Suspensión, temporal o definitiva, de las funciones vitales debido a la falta de oxígeno en la sangre. También, sensación de agobio producida por la inhalación de gases tóxicos.

ALQUITRÁN

Alquitrán es el término con el que se nombra a los productos grasos de carácter bituminoso (que contiene betún o una sustancia semejante) y de coloración oscura, que se obtienen por la destilación destructiva de la madera, la turba o el carbón, siendo este último el alquitrán de hulla (líquido viscoso y de color negro).

Para tener una idea más acertada de lo que es el alquitrán, basta mirar la piel de los dedos, y los dientes de los fumadores. El matiz amarillento que se observa no es otra cosa que el residuo del alquitrán.

Un persona que fuma 20 cigarrillos diarios inhala, en un año, aproximadamente 840 cc de alquitrán.

BENCENO

El benceno es un hidrocarburo volátil, altamente inflamable, que se obtiene de la destilación del carbón mineral. Se utiliza principalmente como disolvente.

 El primer paso para dejar de fumar es desear hacerlo.

RADÓN

El radón es un elemento químico muy radiactivo, del grupo de los gases llamados nobles.

Se obtiene por la desintegración del radio. En medicina, bajo control y vigilancia, se lo utiliza en el tratamiento de enfermos de cáncer.

ACETONA

La acetona es un compuesto orgánico, de consistencia líquida, incoloro, volátil, altamente inflamable y de olor característico.

Este compuesto se obtiene por la acción del calor sobre el acetato cálcico y en la destilación de la madera, produciéndose naturalmente en los organismos vivos en la combustión incompleta de las grasas.

Se lo utiliza mayormente como disolvente de pinturas, lacas, barnices y materiales afines.

AMONÍACO

El amoníaco es una sustancia gaseosa, incolora, soluble en agua y de olor picante.

Se lo utiliza en la industria química principalmente como refrigerante, sobre todo en la fabricación de explosivos y de ácido nítrico.

ARSÉNICO

El arsénico es un elemento químico, no metal, sólido y quebradizo. Su color es gris y posee un brillo metálico característico.

El arsénico, en grandes dosis, puede convertirse en una sustancia altamente venenosa.

BUTANO

El butano –un hidrocarburo natural– es una sustancia gaseosa, incolora, estable y que se licúa fácilmente por presión. Se lo utiliza principalmente como combustible doméstico e industrial.

CADMIO

El cadmio es un elemento químico, metal, dúctil, maleable, de color blanco y parecido al estaño.

CIANURO

El cianuro es la sal del ácido cianhídrico, siendo éste un líquido sumamente venenoso, soluble en agua e incoloro.

D.D.T.

D.D.T. es la abreviatura de diclorodifeniltricloroetano.

Esta sustancia es un insecticida muy eficaz, que posee la particularidad de ser altamente persistente, actuando en los organismos tanto por contacto como por ingestión.

METANOL

El metanol es un alcohol metílico, líquido, tóxico e incoloro, que se obtiene por la destilación de la madera.

CAPÍTULO 3

EL PORQUÉ DE FUMAR

¿Qué significa fumar?
El nivel de dependencia
del fumador

EL PORQUÉ DE FUMAR

Todos sabemos que el cigarrillo produce daño. Ningún fumador desconoce que, con cada pitada, incorpora a su organismo una gran cantidad de sustancias altamente perjudiciales para la salud y el bienestar general.

Nadie, en su sano juicio, bebería un vaso de cianuro o inhalaría a propósito el contenido de un producto insecticida, o se sentaría a la mesa a comer un abundante plato de hongos venenosos, ¿no es cierto?

Y, sin embargo, esto es justamente lo que el fumador hace. Pero, ¿por qué lo hace si sabe que es nocivo?

Esta pregunta es la que intentaremos responder a lo largo del presente capítulo.

DEL FUMAR Y LOS FUMADORES

Comencemos desde el principio comprendiendo el significado de la palabra fumar:

Fumar significa inhalar y exhalar los humos que se producen al quemar tabaco.

El tabaco obstruye las arterias.

Para el fumador, por tanto, sentir que el humo entra en su organismo y sale de él es fundamental: muchas veces, se sostiene que para dejar de fumar con éxito, el fumador debe tener un cigarrillo apagado entre sus dedos varias horas al día, como si estuviera fumando pero sin hacerlo. Sin embargo, esta técnica no da los resultados previstos: el fumador depende de la inhalación y exhalación del humo para sentir que fuma.

La técnica anteriormente mencionada sirve para un caso en especial: el de mantener las manos ocupadas y el de poder juguetear con el cigarrillo entre los dedos, hábito adquirido por todos los fumadores.

Como hemos visto en el capítulo anterior, el tabaco se encuentra constituido por miles de sustancias altamente tóxicas. Entre ellas, la nicotina, que es la que produce mayor adicción en las personas.

Cuando se ingiere el humo del cigarrillo, la nicotina penetra en el organismo. A los 30 minutos, según hemos explicado anteriormente, el torrente sanguíneo se libera de la nicotina incorporada y el organismo comienza a pedir más.

En mayor o menor tiempo, los fumadores experimentan una gran ansiedad y precisan incorporar una nueva dosis de nicotina que reemplace a la eliminada. Ése es el momento en que un nuevo cigarrillo se prende.

En este sentido: LA NICOTINA PRODUCE UNA ADICCIÓN FÍSICA.

Es importante tener en cuenta que el nivel de dependencia a la nicotina varía en las diferentes personas. Por lo mismo, algunas necesitarán encender un nuevo cigarrillo rápidamente y, otras, podrán tolerar un mayor tiempo de abstinencia.

Cuando la nicotina no ingresa al organismo una vez eliminada (por ejemplo, cuando el fumador debe permanecer un largo tiempo en un ambiente en el que se prohíbe fumar), el fumador es presa de la ansiedad.

Tanto en estos momentos, como en el período en que una persona decide dejar de fumar, se produce el llamado "síndrome de abstinencia".

EL SÍNDROME DE ABSTINENCIA

Fumar es una adicción, y la persona que fuma es adicta a la nicotina.

En este sentido, la adicción al tabaco es comparable con la adicción a las drogas consideradas "ilegales". De hecho, la Organización Mundial de la Salud (OMS) clasifica a la adicción producida por la nicotina en el mismo nivel que la producida por la cocaína.

Ahora bien, cuando un fumador, es decir, un adicto a la nicotina, se ve imposibilitado de fumar, pasa por una serie de sensaciones que le producen una angustia muy elevada. Ese estado de angustia es lo que se denomina síndrome de abstinencia.

El síndrome posee características particulares que es necesario conocer para entender qué le ocurre a un fumador cuando no puede fumar por un período prolongado (o cuando decide dejar de fumar).

Las características más destacadas de este síndrome son:

* Deseo imperioso de poder fumar
* Dolor de cabeza
* Irritabilidad
* Palpitaciones
* Falta de concentración
* Nerviosismo
* Ansiedad
* Intolerancia
* Insomnio
* Agresividad
* Sensación permanente de angustia

Tanto la adicción a la nicotina como el síndrome de abstinencia son los factores que dificultan (y hasta a veces imposibilitan) el dejar el hábito de fumar.

Todo fumador que se vea privado de fumar tendrá que luchar contra algunos de estos síntomas. Y la lucha que debe emprender no es fácil: su cuerpo le pedirá, imperiosamente, nicotina.

Pero veamos otro aspecto que, a la vez, se relaciona con el anterior.

Es cierto que, en pequeñas dosis, la nicotina estimula el sistema nervioso vegetativo, lo que le brinda a la persona una sensación de falso bienestar (aunque bienestar al fin).

Todo fumador recurre al cigarrillo (o al tabaco, en sus diversas formas) para encontrar placer. Es común escuchar a los fumadores decir que fumar les hace bien y es placentero.

Sin embargo, la realidad muestra otra cosa.

Ningún fumador que experimenta síntomas de síndrome de abstinencia se conforma con tan pequeñas dosis de nicotina. Por otro lado, es común observar que son los grandes fumadores, y no un fumador casual, el que justifica su adicción a través del placer que el cigarrillo le otorga.

Hemos visto que el tabaco crea dependencia física.

Pero, ¿qué ocurre con una persona que necesita imperiosamente fumar para sentirse bien? Las personas que no fuman, ¿pueden sentirse bien? Desde ya que sí.

Pensemos más profundamente: es fácil de entender que el síndrome de abstinencia a la nicotina abarque manifestaciones como el insomnio, la irritabilidad, la intolerancia, la ansiedad, etc., pero... ¿y la angustia?

Cuando un fumador se encuentra privado de fumar siente una carencia. Esta carencia remite, por un lado, a la falta de nicotina; pero por el otro, es el reflejo de carencias de otro tipo, que el cigarrillo esconde.

En este sentido, LA NICOTINA PRODUCE ADICCIÓN PSICOLÓGICA.

¿Qué significa esto?

Vayamos por partes.

Toda persona vive con ciertas carencias, a todos nos falta "algo". Sin embargo, eso es lo mejor que nos puede pasar, porque gracias a que algo nos falta es que sentimos el impulso de ir a buscarlo, el deseo se mueve dentro nuestro.

 Hoy es el día para dejar de fumar.

Por ejemplo, una persona siente que le falta tener más contacto con la naturaleza, y esa falta o carencia es lo que la mueve a buscar el modo de estar más cerca de ella. Entonces, concurre a una plaza, destina algunos fines de semana para retirarse a zonas más alejadas y realizar un picnic, compra plantas para su hogar, se preocupa por mantener abiertas las persianas para que la luz del día, etc.

Otra persona, por ejemplo, siente que en su vida falta diversión. Entonces, comienza a reunirse con amigos, propone salidas entretenidas, está atenta a las reuniones que puedan resultar interesantes, compra el diario para saber qué espectáculos están en cartel, etc.

Pero muchas veces, existen carencias que son muy difíciles de determinar y, por lo tanto, de abastecer. Nos referimos, principalmente, a las carencias de orden afectivo.

Ninguna persona es adicta porque sí. Toda adicción, aun a la nicotina, tiene un significado que la liga a la esfera psicológica.

Según el diccionario, la palabra "adicción" significa la sumisión de una persona a un producto o conducta de la que no puede o no es capaz de liberarse.

Pero también existe otra forma de entender a la adicción, que es la siguiente:

A-dicción

a: prefijo que
expresa negación
o privación.

dicción: palabra.

Adicción, por lo tanto, significa aquello que no se dice, aquello que no puede ser expresado a través de la
palabra.

¿Qué pasa con un adicto, entonces?
Un adicto expresa en su adicción aquello de lo que
carece, pero que no puede expresar a través de la palabra.

Volvamos al tema de la angustia.
La angustia no es privativa de las personas que pa-
san por el síndrome de abstinencia. Es propia de las
personas en general, sean o no adictas.
Muchas situaciones producen angustia en una persona: hechos traumáticos ocurridos en la niñez, sensación
de desprotección, miedo al cambio, la muerte de un ser
querido, etc. Sin embargo, no todas las personas resuel-
ven la angustia de la misma manera: hay quienes solas,
o con ayuda profesional, intentan buscar la causa de su

angustia para así poder entenderla, elaborarla y sobrellevarla de una manera más feliz.

Pero otras —y a éstas nos referimos en este libro— intentan resolver la angustia por medio de una adicción: en este caso, la adicción al tabaco.

El tabaco aparece allí expresando lo que la persona no puede decir con palabras.

Por ejemplo, y a modo de clarificar el concepto, tomemos el caso de una persona que siente (y ha sentido toda su vida) que su madre ha preferido afectivamente siempre a su hermano, mientras que a ella la ha dejado de lado. Esta situación le genera una gran angustia, pero en determinado momento puede empezar a expresar lo que siente, ponerlo fuera de sí misma, y comenzar a buscar un camino de solución. Puede recurrir a un profesional y decir lo que le pasa, y empezar a trabajar en ello.

Tomemos a esta misma persona y pensemos qué pasaría si no pudiese expresar lo que siente. Tendría que encontrar otras formas de poder convivir con la angustia para sentirla lo menos posible.

Una de las tantas formas por las que se puede optar es la adicción.

Hay muchas clases de adicción: a la comida, al alcohol, al trabajo, a las drogas ilegales, a la pareja, a los hijos, etc. Y está, por supuesto, la adicción al tabaco.

En nuestro caso, esta persona –que siente una gran falta de amor materno–, "tapa" ese sentimiento que le produce angustia con su adicción al cigarrillo.

La adicción al cigarrillo (como cualquier otra adicción) expresa –para quien sabe leer entre líneas–, que existe una carencia muy profunda (o un conjunto de ellas) a la que se está tratando de ocultar y mantener bajo control.

Cuando una persona adicta al tabaco experimenta en el síndrome de abstinencia, se produce una abstinencia de la adicción física y una abstinencia de la adicción psíquica.

Si la persona que fuma está, de alguna manera, ocultando y manteniendo bajo control una carencia que le resulta insoportable; entonces, cuando esta persona debe desprenderse del cigarrillo aflora, rápidamente, aquello que tanto luchó por ocultar. Cuando esto se produce, sea o no consciente del mecanismo, aparece la angustia.

 Dele la bienvenida a la vida.

Es importante comprender que un fumador se encuentra verdaderamente atrapado en un círculo vicioso.

Fuma por su adicción a la nicotina, fuma para mantener bajo control angustias más profundas, y en este sentido, envenena su organismo.

Pero cuando deja de fumar, en pos de obtener una vida más saludable, todo su cuerpo le reclama más y más nicotina, y las angustias más profundas comienzan a surgir.

¿Qué es lo que hace un fumador en este momento? Volver a encender un cigarrillo.

¿Qué es lo que un fumador que desea dejar de fumar debe hacer en este momento? Comprender que existen otras formas de canalizar las angustias, y luchar contra la adicción física de la nicotina modificando su estilo de vida.

En el último capítulo de este libro, le ofrezco diversas técnicas y consejos para luchar contra la adicción al tabaco.

Conozcamos ahora, los diferentes niveles de dependencia que puede tener una persona fumadora.

EL NIVEL DE DEPENDENCIA

Para conocer el nivel de dependencia a la nicotina que posee una persona, existe un test cuyo resultado ofrece una aproximación muy cercana a la realidad.

Este test se llama Test de Fagerstrom, y les propongo que lo realice.

TEST DE FAGERSTROM

El test consiste en contestar la totalidad de las preguntas que se formulan a continuación, lo más honestamente posible, señalando con una **X** la respuesta elegida.

Una vez que la evaluación se da por finalizada, se deben sumar los resultados obtenidos de acuerdo con la tabla de puntuación.

Obtenido el puntaje total, se debe leer la respuesta adjudicada para el mismo.

Nota: Recomendamos realizar la evaluación de las preguntas antes de leer los índices de puntuación y las respuestas indicadas. Esto ayudará a que la evaluación se realice sin prejuicios ni condicionamientos.

LAS PREGUNTAS DEL TEST DE FAGERSTROM

1) Entre el momento en que usted se despierta y el momento en que enciende el primer cigarrillo, ¿cuánto tiempo transcurre?

  a) 5 minutos
  b) Entre 6 y 30 minutos
  c) Entre 31 minutos y 1 hora
  d) 1 hora o más

2) ¿Cuál es el cigarrillo (de todos los que fuma durante el día) que usted considera que más le costaría dejar de consumir?

  a) El primero del día
  b) Cualquier otro

3) ¿Qué promedio de cigarrillos fuma usted por día?

  a) Menos de 10
  b) Entre 11 y 20
  c) Entre 21 y 30
  d) Más de 30

4) ¿Fuma en lugares en los que está prohibido hacerlo?

  a) Sí
  b) No

5) ¿Fuma cuando se encuentra enfermo?

   a) Sí
   b) No

6) El tiempo que transcurre entre un cigarrillo y otro, ¿es más corto por la mañana que en el resto del día?

   a) Sí
   b) No

7) ¿Traga el humo del cigarrillo?

   a) Siempre
   b) A veces
   c) Nunca

 Pregúntese por qué sigue fumando.

PUNTUACIÓN

Pregunta 1
a) 3 puntos
b) 2 puntos
c) 1 punto
d) 0 punto

Pregunta 2
a) 1 punto
c) 0 punto

Pregunta 3
a) 0 punto
b) 1 punto
c) 2 puntos
d) 3 puntos

Pregunta 4
a) 1 punto
c) 0 punto

Pregunta 5
a) 1 punto
c) 0 punto

Pregunta 6
a) 1 punto
b) 0 punto

Pregunta 7
a) 2 puntos
b) 1 punto
c) 0 punto

Suma total del test: ....

RESULTADO FINAL

- *De 0 a 2 puntos*
El nivel de dependencia es bajo.

- *De 3 a 4 puntos*
El nivel de dependencia es moderado.

- *De 5 a 6 puntos*
El nivel de dependencia es medio alto.

- *De 7 a 10 puntos*
El nivel de dependencia es alto.

CAPÍTULO 4

MITOS Y VERDADES
ACERCA DEL CIGARRILLO
Preguntas, miedos, afirmaciones
y dudas más frecuentes

MITOS Y VERDADES
ACERCA DEL CIGARRILLO

Las personas que fuman, sobre todo cuando se enfrentan a la posibilidad de dejar este mal hábito de vida, plantean una serie de cuestiones que evidencian dudas, miedos y justificaciones por un lado, y desconocimiento por el otro.

A lo largo de los años, he recopilado las preguntas y afirmaciones más frecuentes que realizan los fumadores. Seguramente, usted se sentirá identificado con algunas o muchas de ellas, lo que a la vez le dará a entender que no es el único que pasa o ha pasado por esta situación.

Muchas personas han dejado de fumar y usted puede ser la próxima que emprenda la lucha contra el tabaco, por lo que consideramos que leer atentamente las respuestas que se ofrecen para cada pregunta o afirmación lo ayudará a tener bases más sólidas, o herramientas más apropiadas, para emprender la batalla contra este implacable enemigo.

Algunas de las preguntas surgen del desconocimiento de los efectos y consecuencias que el tabaco produ-

55

ce. Pero otras, son verdaderos mitos que se han enquistado en el saber popular de manera tal, que en la actualidad se torna difícil saber qué es un mito y qué una verdad.

Nota: Los conceptos vertidos en este capítulo referidos a las enfermedades que produce el tabaco, serán explicados detalladamente en el capítulo siguiente.

• Antes o después, de algo hay que morir. ¿Para qué voy a dejar de fumar?

Si existe algo seguro en la vida es que todos vamos a morir, y todas las formas de morir ya se encuentran previstas en los manuales de medicina.

Pero pensemos lo siguiente: fumar implica perder diez años de vida, por lo que si usted fuma, seguramente morirá diez años antes de lo previsto.

Pero por otro lado, no es sólo el hecho de morir sino, principalmente, el de cómo vivir los años de vida.

Un fumador no sólo está expuesto a morir de cáncer de pulmón, sino que lo está a vivir enfermo, con tos, con poca capacidad respiratoria, con úlcera, con gastritis, con asma, con mala circulación sanguínea, con falta de oxigenación, con problemas en la movilidad, con sensaciones constantes de hormigueo en los miembros inferiores y superiores, etc.

Dejar de fumar implica vivir de una manera más sana, y morir de una manera sana y natural.

• Todavía tengo muchos años para dejar de fumar porque aún soy joven.

Fumar es perjudicial a cualquier edad. Los jóvenes se engañan creyendo que el cigarrillo no les hace daño porque no sienten los síntomas de la toxicidad en forma inmediata.

El cigarrillo no mata de un día para el otro, sino que envenena el organismo a través de los años.

No es lo mismo una persona joven que no fuma a una que sí fuma. Quien fuma, tenga la edad que tenga, se verá mayormente imposibilitado de realizar actividades (sobre todo físicas) en comparación con una persona que no fuma.

La primera pitada intoxica tanto como la última.

• El cigarrillo no hace nada comparado con el daño que produce la contaminación ambiental.

Esta afirmación es a la vez un mito y una justificación altamente utilizada por los fumadores.

El humo del tabaco posee una concentración en productos tóxicos 400 veces mayor al máximo permitido, por los organismos internacionales de salud, en el medio ambiente.

 Cada intento es un paso más hacia la victoria.

• **Mi abuelo tiene 90 años, fumó toda su vida y es más saludable que yo.**

Cada organismo posee sus particularidades.

Es cierto que existen personas fumadoras de avanzada edad dueñas de una salud admirable, pero son muchas menos que las que han muerto en el camino.

También es mucho más frecuente encontrar personas fumadoras de avanzada edad, que viven postradas o con insuficiencias de todo tipo.

Nada justifica el seguir fumando. Ni siquiera el tener un abuelo que ha fumado toda su vida y lo sigue haciendo. Seguramente esa persona tiene un organismo excepcional, pero su caso no representa a lo que sí padece el 99% de la población mundial restante.

 El tabaco perjudica la calidad de vida.

• Fumar me ayuda a concentrarme y a rendir más. Cada vez que quise dejar de fumar estaba disperso y me sentía más cansado.

Cuando una persona deja de fumar entra en el llamado síndrome de abstinencia. Este síndrome produce dispersión o falta de concentración.

No es cierto que un fumador tenga una mayor concentración o rinda más en sus tareas, por el simple hecho de fumar.

La realidad muestra que el fumador posee menor capacidad de resistencia y mayor dificultad para concentrarse que una persona no fumadora.

Es importante tener en cuenta que la dispersión producto del síndrome de abstinencia es transitoria.

• Fumar me ayuda a relajarme en los momentos de tensión.

La nicotina, como hemos visto, actúa estimulando el sistema nervioso, produciendo un efecto relajador.

Pero este efecto o sensación dura sólo hasta que el organismo elimine la nicotina del torrente sanguíneo. En ese momento, la persona se tensiona y necesita, debido a su adicción, una nueva dosis de nicotina.

En este sentido, es verdad que el fumador se siente relajado cuando fuma, pero esta sensación es producto de su adicción a la nicotina.

Las personas que logran pasar el estado de abstinencia, comienzan a incorporar otras técnicas más saludables para relajarse en los momentos de tensión: por ejemplo, realizar caminatas, hacer meditación, prender sahumerios, beber una infusión de hierbas, escuchar música tranquila, etc.

La relajación que produce la nicotina es sólo una sensación momentánea (y que, verdaderamente, dura muy poco).

• Quiero dejar de fumar pero no puedo; mis conocidos me dicen que tengo poca fuerza de voluntad y eso me hace sentir mal.

Si quiere dejar de fumar, ya ha dado el primer paso para hacerlo.

Ahora, veamos el tema de la voluntad. Es cierto que para dejar de fumar hace falta fuerza de voluntad. Nadie que desee hacer algo puede prescindir de la voluntad. Pero dejar de fumar implica mucho más que el mero hecho de ser voluntarioso.

No se deje avasallar por las personas que le dicen que usted posee poca fuerza de voluntad. Tampoco discuta con ellas para lograr que entiendan que desterrar el hábito de fumar no sólo es un proceso volitivo sino que involucra una lucha muy fuerte y profunda contra una adicción. Serénese, piense en su real deseo de dejar de fumar, tenga a mano su voluntad y continúe leyendo este libro. Encontrará claves prácticas que puede poner en marcha cuando usted lo desee.

• Conozco personas que han logrado dejar de fumar, y hoy por hoy sólo fuman dos o tres cigarrillos por día.

Ésta es una de las frases que aparecen con más asiduidad en boca de los fumadores.

Sí, es cierto, hay personas que han conseguido fumar sólo dos o tres cigarrillos por día. Pero, ¿qué clase de fumadores eran antes? Si eran grandes fumadores, ¿cuánto tiempo podrán sostener este nivel bajo?

Y sobre todo: fumar es fumar; sea mucha o poca la cantidad, la nicotina y las más de 4.000 sustancias tóxicas y cancerígenas que se incorporan al organismo seguirán estando presentes.

Tenga presente lo siguiente: cuando usted empezó a fumar, comenzó por una pitada, siguió por un cigarrillo y terminó fumando ¿cuántos?

Pensar en dejar de fumar y a la vez pretender seguir fumando termina siendo una gran contradicción.

Si usted siente que pensar en fumar menos lo ayuda a bajar el nivel de consumo, póngase en marcha.

Pero después de que logre bajar el nivel de consumo, plantéese seriamente en eliminar el cigarrillo de su vida de una vez por todas, para que de un cigarrillo no vuelva a pasar a dos y luego a tres y después a ¿cuántos?

Muchas personas han dejado de fumar: sea la próxima.

• Quiero dejar de fumar pero en este momento me encuentro bajo una gran presión en mi vida.

Lamento decirle que en la vida de un fumador, casualmente, todos los momentos en los que se propone dejar de fumar son los peores de su vida.

Si usted está pasando por un mal momento, espere unos días pero luego intente dejar de fumar.

Hay malos momentos que son reales y concretos, pero hay otros que sirven de justificativo para continuar aplazando la decisión de dejar de fumar.

¿Cuántas veces ha dicho esta misma frase? ¿No es hora de comenzar a vivir una vida sin tanta presión?

Si no puede hacerlo antes, aproveche la época de vacaciones para dejar de fumar.

• ¿Qué cosas puedo hacer para controlar las ganas de fumar?

El síndrome de abstinencia trae aparejado estados de ansiedad. La adicción a la nicotina produce la necesidad de seguir fumando. En este libro, en el último capítulo, encontrará diversas técnicas para controlar las ganas de fumar.

Igualmente, tenga en cuenta que comer frutas, ingerir jugos naturales, beber abundante agua, masticar chicle, dar largas caminatas, realizar ejercicios de respiración, darse un baño, etc., son algunas maneras con las que puede controlar sus ganas de fumar.

• **Tengo miedo de engordar si dejo de fumar.**

No todas las personas que dejan de fumar engordan. Pero dejar de fumar puede llevar a engordar en los primeros meses de abstinencia.

Lo que ocurre es que la comida sirve como sustituto para calmar la ansiedad que provoca la falta de nicotina.

Sin embargo, tenga en cuenta que siempre es preferible tener que lidiar con unos kilitos de más (que pueden ser rebajados con gimnasia y una dieta sana), a seguir intoxicando el organismo diariamente a fin de mantener el peso a raya, lo cual implica pagar un costo muy alto.

Seguir una dieta para eliminar el exceso de peso que puede traer aparejado el dejar de fumar tiene, en este sentido, un costo mínimo.

• Reconozco que el tabaco es nocivo para la salud; pero a fin de cuentas, existen muchísimas sustancias que son más nocivas que el tabaco.

En realidad, no hay muchas sustancias que sean más nocivas que el tabaco.

El cáncer de pulmón es una de las consecuencias directas del tabaquismo.

En las grandes ciudades, la muerte por problemas cardiovasculares encabeza la lista, y el tabaco también participa en los desórdenes de este tipo. La segunda causa de muerte es el cáncer.

• Ahora fumo cigarrillos light, que son menos tóxicos por tener menor nicotina y alquitrán.

Los cigarrillos light, que poseen menor nivel de nicotina y alquitrán, si bien son menos nocivos en cuanto a estas sustancias, no lo dejan de ser en cuanto al resto. Aún hoy en día, no se ha llegado a comprobar fehacientemente que fumar cigarrillos light ofrezca un daño menor para la salud.

Por otro lado, las personas que consumen estos cigarrillos necesitan, tanto como las que consumen el tipo tradicional, saciar la adicción a la nicotina. Por este motivo, terminan consumiendo un mayor número de cigarrillos, o bien, inhalando más profundamente cada pitada.

Fumar cigarrillos light es continuar con el hábito de fumar.

Si los cigarrillos light actúan como un peldaño para dejar de fumar definitivamente, bienvenidos sean. Pero si usted fuma estos cigarrillos para sentirse tranquilo pensando que se intoxica menos, los conceptos terminan siendo equivocados: usted sigue intoxicándose como siempre.

• Por más que quiera dejar de fumar, mi pareja fuma, así que es lo mismo.

Éste es el momento en el cual es importante recordar que una pareja está compuesta por dos personas individuales, que poseen sus propios deseos y necesidades.

Es importante que usted sea sincero y comprenda si realmente quiere dejar de fumar. El que su pareja fume o no, no está relacionado con su necesidad de dejar el cigarrillo sino con el hecho de cómo llevarlo a cabo.

Si usted realmente desea dejar de fumar y su pareja no, hable con ella, lleguen a acuerdos sobre los lugares en que sí está permitido fumar y en los que no, explíquele que usted tomó la decisión y que pasará por un período de abstinencia, y que va a necesitar su ayuda y comprensión.

Si su pareja también desea dejar de fumar, comiencen a recorrer el camino juntos.

Pero, sobre todas las cosas, no transforme a su pareja en el justificativo por el cual usted no puede dejar de fumar.

• ¿Vale la pena dejar de fumar, después de haber fumado tantos años?

Siempre vale la pena dejar de fumar. No importa la cantidad de años que usted lleva fumando; dejar de fumar le proporcionará la oportunidad de tener una mejor vida que la que tuvo hasta ahora.

Si usted aún no padece síntomas graves como consecuencia del tabaquismo, es ideal que deje de fumar ya.

Si por el contrario, padece síntomas graves, ES IMPERIOSO QUE DEJE DE FUMAR YA. Con cada nueva pitada empeora su situación.

Dejar de fumar
+
el tratamiento médico adecuado
+
un estilo de vida más sano
+
dietas alimenticias nutritivas
+
ejercicios físicos apropiados
=
RECUPERACIÓN DE LA SALUD

• Algún día voy a dejar de fumar.

Frase de cabecera de todos los fumadores.

Pues bien, algún día –como dice un viejo dicho– nunca llega.

Deje de fumar hoy, porque cada día que pase continuará intoxicando más y más su organismo.

Dese cuenta de que esta frase "algún día voy a dejar de fumar" es sólo un justificativo para no hacerlo. Lo que sostiene esta frase es la ilusión de que algún día será capaz de dejar de fumar, cuando la realidad está indicando que usted tiene grandes temores a tomar esta resolución.

Piense en sus temores, piense en sus miedos, piense por qué desea seguir haciéndose daño, y piense que "este día" es mejor que "algún día".

• Fumar me hace sentir bien, beneficia mi estado de ánimo.

Es común que los fumadores sientan beneficios mientras fuman. Pero este aparente bienestar depende de la adicción a la nicotina.

También es cierto que un fumador que deja de hacerlo pasa por un período de irritabilidad, nerviosismo y ansiedad, pero este período es transitorio.

Si usted cree que fumar le hace bien, jamás dejará de hacerlo. Para lograrlo, tendrá que echar por tierra esa falsa concepción, y buscar caminos alternativos para aprender a sentirse bien sin fumar. Se puede, existen, y muchas personas ex fumadoras los han encontrado.

• Dejé el cigarrillo durante un tiempo pero volví a recaer. Creo que no podré dejarlo nunca.

Dejar de fumar es un proceso. Muy pocas personas logran dejar el hábito de un día para el otro; de hecho, difícil es saber a ciencia cierta cuánto tiempo le llevó a esa persona tomar la decisión de no prender más un cigarrillo.

La mayoría de las personas dejan de fumar después de muchos intentos. Dejan, recaen, vuelven a dejar, vuelven a recaer... pero en este proceso llega un momento en que el dejar de fumar se hace efectivo.

Nunca piense que jamás podrá dejarlo: así como usted adquirió este hábito también usted puede dejar de tenerlo.

No se desanime si fracasa en los primeros intentos. Insista, insista, insista... y, cuando menos lo espere, el cigarrillo será parte de su pasado.

 Hoy es el primer día del resto de su vida: ¡vívalo bien!

• Cada vez que dejo de fumar mi humor se vuelve insoportable y mi familia se resiente.

Le aseguro que va a ser más fácil luchar contra el resentimiento de su familia que contra la adicción al tabaco.

Su humor se vuelve insoportable porque, al dejar de fumar, comienza a atravesar el síndrome de abstinencia, que justamente produce cambios de humor, mal carácter e irritabilidad.

Pero este síndrome, y los síntomas que lo conforman, es transitorio.

Converse con su familia sobre lo importante que es para usted comenzar a vivir una vida más sana, pídales ayuda para atravesar los momentos difíciles evitando peleas y discusiones.

• La mayor parte del cigarrillo se consume sola en el cenicero, así que es poco lo que en realidad fumo.

Gran error de concepción.

El humo del cigarrillo, justamente por la combustión que produce, posee mayor número de sustancias tóxicas. Está comprobado que el humo ambiental del cigarrillo es más tóxico que el humo que inhala la persona fumadora.

Cuando usted deja el cigarrillo en el cenicero, aspira igualmente el humo tóxico.

• La contaminación ambiental produce un mayor porcentaje de cáncer de pulmón que el tabaco.

No es cierto.

Según diversos estudios realizados, la contaminación ambiental produce un 2% de cánceres, mientras que el tabaco produce un 30%.

• Yo sé que puedo dejar el cigarrillo cuando me lo proponga.

Ésta es otra de las frases que argumenta la mayoría de los fumadores.

Sin embargo, la realidad demuestra que la mayoría de los fumadores no consiguen dejar de fumar cuando se lo proponen, sino después de un proceso de idas y vueltas, y recaídas.

• Me deprime el sólo pensar en lo difícil que es dejar de fumar.

Dejar de fumar es difícil, nadie lo duda. La adicción

física y psíquica que provoca la nicotina, sumada al período de abstinencia, hacen que dejar de fumar se transforme en un tema agotador.

Sin embargo, usted debe aprender a focalizar su mirada hacia los beneficios que dejar de fumar le van a reportar, en vez de mirar sólo la dificultad para hacerlo.

Dejar de fumar es posible.

• Volví a fumar porque cuando dejé me sentía mucho peor.

El período de abstinencia hace difícil el poder llevar a cabo eliminar el hábito del cigarrillo.

La mayoría de las personas fumadoras necesitan intentarlo varias veces para conseguir la victoria.

Lo que a usted le sucede es normal. No se desanime, pasado un tiempo comenzará a sentirse mucho mejor.

 Nunca es tarde cuando se trata de la salud y el bienestar.

• No sé qué hacer con las manos cuando me falta el cigarrillo.

Durante muchos años, las manos y dedos del fumador se han entretenido sacando el cigarrillo del atado, sosteniéndolo, apoyándolo en el cenicero, manteniéndolo en la mano como punto de apoyo en situaciones tensas, etc.

Quien deja de fumar extraña no tener con qué ocupar sus manos. Pero existen gran cantidad de sustitutos, como lápices, bolitas de papel, caramelos, y hasta un cigarrillo sin encender, para paliar la situación.

Al poco tiempo se acostumbrará a no necesitar tener un cigarrillo en la mano para sentirse seguro.

• Fumar dos o tres cigarrillos diarios durante el embarazo no hace ningún daño.

No es cierto.

La mujer embarazada que fuma, no sólo se intoxica a sí misma sino que intoxica a su bebé.

Basta un solo cigarrillo para que las sustancias tóxicas lleguen al feto a través de la corriente sanguínea.

Para las fumadoras compulsivas, los médicos prevén una pequeña dosis de nicotina para que el atravesamiento por el período de abstinencia no llegue a perjudicar al bebé. Estos casos son tratados bajo supervisión médica.

FUMAR DURANTE EL EMBARAZO PRODUCE DAÑOS.

• No poder dejar de fumar me provoca enojo contra mí mismo.

Es una reacción lógica. Nadie asume tranquilamente la dificultad que implica dejar de fumar.

Pero es importante tener en cuenta lo siguiente: quien controla la relación fumador-cigarrillo, es el cigarrillo, o mejor dicho, la adicción.

Intente no enojarse: por el contrario, aprenda a quererse cada día más. Dejar de fumar es difícil, porque contra lo que usted está luchando es contra la adicción psicofísica que el tabaco produce.

Téngase paciencia, busque ayuda, realice actividades que lo gratifiquen, y de tanto en tanto, dése una palmada en el hombro: usted está luchando contra uno de sus peores enemigos.

• Tengo mayores episodios de tos y resfríos cuando dejo de fumar por unos días que cuando fumo cotidianamente.

Los episodios de tos y resfríos que aparecen al dejar de fumar son beneficiosos. El organismo está tratando de librarse de las impurezas que ha recibido a través del cigarrillo. Esa tos y ese resfrío son producto del hábito de fumar. Cuando pasen unos días (siempre y cuando no vuelva a fumar), sus pulmones estarán más limpios debido a que a través de la tos y el resfrío, eliminó gran parte de la mucosidad que tenía pegada.

CAPÍTULO 5

EL TABAQUISMO
Qué es
Enfermedades y afecciones

EL TABAQUISMO

¿QUÉ ES EL TABAQUISMO?

La Organización Mundial de la Salud (OMS) define al tabaquismo como la dependencia a la nicotina del tabaco, la cual produce, luego de una ingesta constante, diversas enfermedades en el cuerpo humano.

El tabaquismo es, por tanto, la intoxicación crónica del organismo, como producto del abuso del tabaco.

Esta definición alcanza a todos los fumadores activos. Pero existe otra definición que abarca a las personas no fumadoras, pero que se encuentran expuestas a la toxicidad del tabaco en forma pasiva. Éstas son definidas como personas que padecen de tabaquismo pasivo.

TABAQUISMO PASIVO

Se define así a la exposición de los no fumadores a los productos de la combustión del tabaco, que se encuentran presentes en los ambientes cerrados.

Según diversos estudios realizados, el tabaquismo pasivo constituye hoy en día la tercer causa de muerte en Estados Unidos.

Debido a la comprobación de la toxicidad ambiental producto del humo del tabaco, se han comenzado a realizar fuertes campañas para prohibir el cigarrillo en diferentes lugares públicos.

Hoy en día, gran cantidad de empresas adjudican un sector para que el personal pueda fumar, manteniendo el 90% de las instalaciones libres de humo. Los aeropuertos también se han acoplado a esta medida, prohibiéndose fumar tanto en el ámbito de las estaciones aéreas como dentro de los aviones.

Los niños son los principales receptores pasivos del humo de los adultos, y las consecuencias que padecen son, entre otras, una mayor propensión a tener tos, resfríos, bronquitis, flemas y otitis.

EL HUMO AMBIENTAL

El humo ambiental que produce el tabaco es una mezcla del humo que proviene del tabaco en combustión (cigarrillo, cigarro, pipa, etc.), y del humo que los fumadores exhalan de los pulmones.

Por consiguiente, el humo ambiental del tabaco es sumamente nocivo, pues en el ambiente se encuentran miles de sustancias tóxicas, muchas de las cuales son cancerígenas.

Viva más y mejor: ¡dígale NO al tabaco!

ENFERMEDADES ASOCIADAS CON EL TABAQUISMO

A continuación, les ofrezco una lista de las enfermedades más significativas que se encuentran asociadas con el tabaquismo.

Diversos estudios realizados en personas que han dejado de fumar revelan que el riesgo de muerte debido a enfermedades producto del tabaquismo, disminuye con cada año de abstinencia.

CÁNCER

El tabaquismo produce diferentes tipos de cáncer:

- Cáncer de pulmón (principal riesgo de muerte).
- Cáncer de tráquea y bronquios.

- Cáncer de labio y boca.

- Cáncer de laringe y faringe.

- Cáncer de esófago.

- Cáncer de páncreas.

- Cáncer de riñón y órganos urinarios.

Se define el cáncer como el crecimiento tisular producido por la proliferación de células anormales, responsables de invadir y destruir otros tejidos del organismo.

El cáncer es, en realidad, un conjunto de enfermedades que se clasifican en función del tejido y célula de origen afectados.

Tres son los principales subtipos de cáncer:

1) Sarcomas

Proceden del tejido conectivo (huesos, nervios, músculos, cartílagos, vasos sanguíneos y tejido adiposo).

2) Carcinomas

Proceden de los tejidos epiteliales (piel), y de los tejidos glandulares de la mama y la próstata.

3) Leucemias y linfomas

Proceden de los tejidos que forman las células sanguíneas.

En el cáncer, existen productos químicos que actúan sólo como iniciadores del mismo y otros como productores.

Los iniciadores del cáncer aparecen expuestos una única vez, y luego permanecen en estado de latencia hasta que se unen a los promotores del cáncer.

El humo del tabaco posee productos químicos iniciadores y promotores. En cuanto a los promotores del tabaco, se ha estudiado que cuando una persona deja de fumar el riesgo de padecer cáncer de pulmón disminuye en forma considerable.

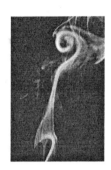

REUMATISMO

El reumatismo abarca una serie de trastornos, como la gota, la fiebre reumática, la osteoartritis y la artritis reumatoide, que se caracterizan por hipersensibilidad, dolor y rigidez de las articulaciones y de los músculos.

HIPERTENSIÓN ARTERIAL

Se denomina hipertensión a la tensión arterial que se encuentra en un nivel alto.

La tensión arterial se refiere a la cantidad de fuerza que se ejerce sobre las paredes de las arterias, a medida que el torrente sanguíneo es bombeado o impulsado en su recorrido por el organismo.

Cuando la tensión arterial es alta, el corazón debe realizar un esfuerzo suplementario para poder bombear la sangre. Este esfuerzo suplementario, aplicado en forma continua, termina ensanchando las paredes arteriales, produciendo serias lesiones.

Sobre las lesiones se acumularán, a través del tiempo, placas de grasa (placas de colesterol), tornando más grave aún el padecimiento de la arteria.

TROMBOSIS CORONARIA

Se denomina trombosis coronaria a la obstrucción de un vaso sanguíneo o cavidad cardíaca producida por un coágulo o trombo.

Cuando la trombosis se produce en una arteria coronaria, se denomina trombosis coronaria.

La trombosis coronaria puede provocar, a su vez, angina de pecho o infarto al miocardio.

 Piense por qué está prendiendo este cigarrillo.

ANGINA DE PECHO

Esta enfermedad se produce cuando el corazón no se encuentra debidamente oxigenado. La causa más común se debe a la obstrucción de las arterias coronarias.

La característica principal es la aparición de dolor u opresión bajo el esternón, el que puede extenderse desde el pecho hasta el brazo izquierdo.

La opresión o dolor suele durar varios minutos.

INFARTO DE MIOCARDIO

El término infarto significa "hinchazón u obstrucción de un órgano o parte del cuerpo (especialmente el corazón)", mientras que la palabra miocardio quiere decir "músculo del corazón".

El infarto de miocardio, por consiguiente, se produce por la lesión de una zona del músculo cardíaco debido a la falta adecuada de oxigenación. Las células de este músculo terminan muriendo debido a la falta de oxígeno. El infarto de miocardio puede producir la muerte de una persona.

ARTERIOESCLEROSIS

Se denomina arterioesclerosis a la enfermedad arterial cuya característica principal es el endurecimiento de las arterias.

Esta enfermedad puede atacar cualquiera de las arterias, pero si la arteria obstruida es la coronaria, puede derivar en una trombosis coronaria, una angina de pecho o un infarto al miocardio.

ANEURISMA AÓRTICA

Se denomina aneurisma a la dilatación localizada de la pared arterial. Cuando el aneurisma se localiza en la arteria aorta, la afección recibe el nombre de aneurisma aórtica.

TUBERCULOSIS

Se denomina tuberculosis a la enfermedad de índole infecciosa, aguda o crónica, que se produce por el bacilo Mycobacterium tuberculosis.

Este bacilo puede afectar cualquier tejido orgánico, pero principalmente suele alojarse en el tejido pulmonar.

En el primer período de la enfermedad no suelen presentarse síntomas.

En las etapas avanzadas, los síntomas que se presentan son: pérdida de peso, pérdida de apetito, fiebre, fatiga y sudoración. Cuando la tuberculosis se encuentra alojada en los pulmones, a estos síntomas se le suman diversos trastornos respiratorios (principalmente tos), esputos con sangre y dolor en la cavidad torácica.

El nombre de tuberculosis se origina en la forma estructural de determinadas células a las que se denomina tuberculomas, en las cuales los bacilos quedan encerrados.

NEUMONÍA

El término neumonía identifica a más de cincuenta enfermedades inflamatorias que atacan los pulmones, produciéndoles un exudado fibrinoso.

La causas de la neumonía puede deberse a virus, bacterias, hongos o protozoos.

GRIPE

La gripe es una enfermedad principalmente epidémica, de índole infecciosa, que se caracteriza por catarro, tos y estado febril.

BRONQUITIS

Se denomina así a la inflamación, aguda o crónica, de la membrana mucosa de los bronquios.

La bronquitis aguda se caracteriza por fiebre, tos, expectoración mucosa y dolor en la caja torácica.

Esta bronquitis puede deberse a procesos infecciones, por virus o bacterias, o también por factores irritativos (inhalación de polvos o sustancias irritantes).

La bronquitis crónica puede producirse por la repetición asidua de bronquitis aguda. Se caracteriza por tos y expectoración mucosa durante tres meses al año, por el lapso de dos años consecutivos.

Esta bronquitis es una de las formas de la enfermedad pulmonar obstructiva crónica (EPOC), siendo la otra el enfisema.

ENFISEMA

Se define así a una enfermedad respiratoria que se produce por la pérdida de la elasticidad del tejido pulmonar y bronquial. Es una de las formas de la enfermedad pulmonar obstructiva crónica (EPOC), siendo la otra la bronquitis crónica.

Se caracteriza por tos, dificultad para respirar, y ruidos o silbidos en la respiración.

El deterioro pulmonar producto del enfisema es permanente e irreversible.

Existen tratamientos que ayudan a aumentar la capacidad respiratoria.

Cuando se diagnostica enfisema, el fumador debe dejar de fumar sin ninguna dilación y en forma definitiva.

ASMA BRONQUIAL

Se denomina asma bronquial a la enfermedad respiratoria en la que tanto el espasmo, como la inflamación de la mucosa bronquial y la propia constricción de los bronquios, impiden el pasaje del adecuado caudal de aire a los pulmones, produciendo una gran dificultad respiratoria.

La principal causa del asma es la alergia (sobre todo en los niños). En los adultos, el asma proviene más que nada de infecciones respiratorias.

INFERTILIDAD

Según numerosos estudios realizados, existe una estrecha relación entre el tabaquismo y la infertilidad (imposibilidad de engendrar hijos).

Las causas probables de esta relación se encuentran principalmente en las modificaciones que la nicotina produce en los niveles de las hormonas comprometidas con el sistema genital.

También se cree que el cigarrillo produce diversas lesiones tanto en los óvulos como en los espermatozoides.

GASTRITIS

Se denomina gastritis a la inflamación, aguda o crónica, del estómago.

Las principales causas de la gastritis son la adicción al tabaco, el abuso de alcohol y demás bebidas excitantes (como por ejemplo, el café), excesiva secreción de ácido clorhídrico en el jugo gástrico, y varias enfermedades infecciosas (como la tuberculosis).

ÚLCERA

La úlcera es la inflamación superficial producida por la destrucción de la piel o de la membrana mucosa. El mayor peligro que conlleva la úlcera es la posibilidad de que se produzca una hemorragia (por ejemplo, por rompimiento de la pared estomacal) que, de no ser atendida inmediatamente. puede provocar la muerte.

Existen diferentes tipos de úlcera:

• **Úlcera de la piel**
Se encuentra asociadas a diferentes enfermedades crónicas como la diabetes, várices, sífilis, tuberculosis, cáncer y afecciones cardíacas.

• **Úlcera gastrointestinal**
Se desarrolla a partir de la gastritis crónica, la fiebre tifoidea y la colitis ulcerosa.

• **Úlcera péptica o gastroduodenal**
Es la que se produce en el estómago y en el intestino delgado.

Existen otros efectos del tabaco que, sin ser enfermedades propiamente dichas, vale la pena tener en cuenta a la hora de optar por dejar de fumar. Estos son:

- Envejecimiento prematuro de la piel.
- Arrugas.
- Mal aliento.
- Trastornos dentales.
- Manchas amarillentas en los dientes.
- Manchas amarillentas en los dedos y uñas.
- Incendios producidos por colillas mal apagadas.

CAPÍTULO 6

EL TABACO EN EL EMBARAZO Y LA MATERNIDAD

EL TABACO EN EL EMBARAZO Y LA MATERNIDAD

SI ESTÁ EMBARAZADA, NO FUME

En los capítulos anteriores hemos visto por qué el cigarrillo, y las demás formas de consumir tabaco, es altamente perjudicial para la salud en general.

La nicotina, el monóxido de carbono, el alquitrán y las más de 4.000 sustancias tóxicas (y algunas cancerígenas) que contiene, dañan el organismo en forma contundente.

También hemos estudiado por qué el cigarrillo se convierte en una adicción física y psíquica, y su dificultad en eliminarlo de su vida.

En el capítulo anterior hemos recorrido las principales enfermedades, algunas mortales, que se encuentran asociadas con el abuso del tabaco.

¿Debo decir algo más? ¿Se da cuenta de lo que ocurre con su bebé cada vez que usted da una pitada?

Dejar de fumar es fundamental para recuperar una calidad de vida saludable. Pero cuando se compromete la salud de un bebé en gestación, los tiempos para pensar, para sentir, para dudar, para tener miedo, para justificar y tomar decisiones, se acortan drásticamente.

Es cierto que determinados tratamientos médicos contemplan a las mujeres embarazadas que son fumadoras compulsivas. Pero siempre debe ser el médico el que autorice el consumo del tabaco y en las cantidades que él indique.

Salvo esta excepción: SI USTED ESTÁ EMBARAZADA, NO FUME.

Para clarificar este concepto, lea lo siguiente con suma atención.

Si usted está embarazada y fuma:

• Puede tener un aborto espontáneo.

• El bebé puede nacer muerto.

• El bebé puede nacer en forma prematura o no alcanzar el peso promedio deseado.

• Los bebés que nacen en forma prematura pueden tener problemas respiratorios.

El tabaco produce gastritis y úlcera.

• El bebé puede correr el riesgo de nacer con labio leporino y paladar hendido.

• El bebé tiene un mayor riesgo de padecer micro-cefalia (cabeza pequeña).

• El bebé puede padecer de rotura prematura de membranas.

• Se observa un aumento significativo de casos de placenta previa y desprendimiento prematuro de pla-centa.

• El bebé podría tener trastornos de conducta y aprendizaje en la niñez.

• El bebé puede morir por muerte súbita (el bebé que aparenta estar sano, muere abruptamente).

Una vez que el bebé nació, si lo somete al humo ambiental del tabaco puede producirse lo siguiente:

- Mayor probabilidad de muerte súbita.

- Disminución de la capacidad atencional.

- Excitabilidad del sistema nervioso.

- Trastornos de conducta o conducta desadaptativa.

- Significativa disminución de la capacidad intelectual.

IMPORTANTE

Los hijos de las mujeres que son fumadoras pasivas también corren riesgos durante el embarazo.
Téngalo en cuenta, y pida a los que la rodean que no fumen cerca suyo y que mantengan los ambientes aireados.

 El tabaco produce cáncer de pulmón.

Si usted es fumadora y desea tener un hijo, comience desde ahora el camino para dejar de fumar.

Si usted es fumadora y está embarazada, deje de fumar en forma inmediata. Si no puede hacerlo, concurra al médico para que la oriente a fin de realizar algún curso específico sobre el tema y para que la derive a un tratamiento psicológico. Todo lo que haga ahora beneficiará a su bebé. No pierda tiempo, su bebé merece tener la oportunidad de ser una persona saludable.

CAPÍTULO 7

TÉCNICAS Y CONSEJOS PARA DEJAR DE FUMAR

TÉCNICAS Y CONSEJOS PARA DEJAR DE FUMAR

ALGO QUE SE PIERDE
Y MUCHO QUE SE GANA

Comenzamos a recorrer el último capítulo de este libro.

Ya hemos visto que el tabaco es altamente nocivo para la salud en general, y también la dificultad que supone dejar esta adicción.

Ahora, usted posee un mayor conocimiento del por qué y del para qué fumar, y por consiguiente, tiene mayores armas para librar la batalla contra el tabaco.

Hemos dicho, en varias oportunidades a lo largo de este libro, que dejar de fumar es siempre una ganancia. Y ésta es una gran verdad. Pero ocurre que la mayoría de las veces, los fumadores no pueden entender este concepto porque para ellos, el tener que DEJAR algo que les resulta sumamente placentero, que los relaja,

El tabaco es una adicción.

que los estimula y los contiene es visto como una verdadera pérdida.

Desde la óptica del fumador, dejar de fumar constituye, por lo general, una gran pérdida; tal vez, una de las más difíciles por la que deba atravesar en el transcurso de su vida.

Pero, entonces: dejar de fumar, ¿es una ganancia o una pérdida?

Y la respuesta no puede ser otra que: es ambas cosas a la vez. Veamos por qué.

Desde que nacemos, hemos necesitado aprender a perder algo para ganar algo.

Para poder nacer y ganar así el ser parte del mundo vivo, un bebé debe perder su mundo intrauterino. Si no fuese así –digamos, por ejemplo, si el bebé se resistiese a perder ese mundo intrauterino– no podría nacer y no podría, por tanto, ganar la vida del mundo extrauterino. Esa pérdida que el bebé debe sufrir, va de la mano de una ganancia que constituye una condición imprescindible para que el bebé pueda nacer y desarrollar su vida.

En la pubertad, debemos aprender a perder ese cuerpo infantil con el que hemos vivido hasta ese momento, para tener la oportunidad de ganar otro cuerpo que, a través de un proceso de desarrollo, será el que nos conduzca por nuestra vida de adulto.

La vida consiste en aprender a perder para poder ganar. Sin embargo, es preciso saber qué es apropiado perder para que se transforme en una ganancia.

Existen situaciones cotidianas en las que, sin darnos cuenta, somos parte de este juego del perder y del ganar. Para poder tener, por ejemplo, un nuevo hogar que se ajuste a las necesidades actuales de espacio, debemos aprender a dejar el que estamos habitando.

Cuando no se quiere perder lo que es nocivo o ya no funciona en nuestra vida, la misma se convierte en una perpetua pérdida. Darnos cuenta del momento en que es necesario tomar una decisión, constituye un paso fundamental en el camino de las ganancias y beneficios.

Ahora bien, ¿qué ocurre con un fumador?

Un fumador tiene algo muy importante que aprender a perder: su condición de fumador.

Frente a esto, el fumador se resiste. No quiere saber

nada con tener que dejar algo que siente que lo beneficia. Sin embargo, ese beneficio es sólo una ilusión.

Los verdaderos beneficios, los reales y concretos, se obtienen al dejar de fumar.

Veamos, a continuación, cuáles son los beneficios a nivel físico que se obtienen una vez que se abandona el tabaco.

Dada la última pitada del último cigarrillo:

- Entre los 20 y 25 minutos siguientes, la presión arterial, la frecuencia cardíaca y la temperatura de los pies y las manos recobran su nivel de normalidad.

- Pasadas las 8 horas, se produce un cambio en la oxigenación pulmonar. La respiración se vuelve más profunda y el oxígeno logra llegar en forma adecuada.

- A partir del tercer día, la respiración se optimiza debido a que los pulmones aumentan su volumen. Además, los sentidos del gusto y del olfato comienzan a normalizarse, por lo que la persona comienza a sentir los aromas y sabores en forma más profunda y definida.

• A partir de los tres meses, se observan considerables mejoras tanto en la circulación sanguínea como en la actividad pulmonar.

• A los nueve meses de abstinencia, se observa una considerable disminución de la tos y de los estados congestivos en general. A la vez, se produce un aumento de la capacidad de oxigenación. También se observa que la vellosidad interna de los pulmones (que ayuda a desprender las sustancias impuras), llamada cilia, comienza a crecer nuevamente.

• A los 5 años de abstinencia, el ex fumador tiene un 50% menos de riesgo de padecer o desarrollar cáncer de pulmón. También se observa una reducción considerable en el porcentaje del cáncer de boca, cáncer de esófago y del cáncer de vejiga.

• Una vez pasados 10 años de abstinencia del tabaco, el riesgo de padecer cáncer de pulmón de un ex fumador es similar al que posee una persona que nunca ha fumado en su vida.

• A partir de los 15 años de abstinencia, el riesgo de padecer afecciones cardíacas se encuentra en el mismo nivel entre una persona ex fumadora y una que nunca fumó.

Es hora de que el fumador comprenda que los beneficios y las ganancias que se producen por dejar de fumar, valen todos los sacrificios que deba realizar para lograrlo.

TÉCNICAS Y CONSEJOS

Conociendo ya que dejar de fumar es posible y que hacerlo es siempre una ganancia, pasemos a continuación a conocer las diversas técnicas que usted puede aplicar y los consejos que debe tener en cuenta en el momento en que decida eliminar al tabaco de su vida.

NOTA: Cada persona puede adaptar las técnicas según sus propias necesidades, o interrelacionar las mismas de acuerdo con su gusto y estilo particular de vida.

Recuerde que dejar de fumar es un proceso y que la mayoría de las personas que desean lograrlo, precisan intentarlo varias veces antes de poder deshacerse del tabaco.

El tabaco disminuye la concentración.

Técnica 1

Escriba, a continuación, las razones por las que usted desea dejar de fumar. Enumérelas y contemple, día a día, si las mismas se mantienen constantes o cambian según su estado de ánimo.

....

....

....

....

....

....

....

....

....

....

....

....

Técnica 2

Tome un almanaque del mes que está transcurriendo y haga un círculo en el día en que usted considere que va a dejar de fumar.

Tenga en cuenta que es mejor seleccionar un día de fin de semana, en los que puede disponer de los horarios con mayor elasticidad y estar libre de las tensiones que originan las obligaciones y responsabilidades cotidianas.

Si no tiene voluntad para planificar el día en que piensa dejar de fumar, no se presione. Guarde el almanaque en un lugar seguro e inténtelo nuevamente pasados unos días. Si tampoco puede esta vez, guarde el almanaque (no lo tire) y repita la técnica en el mes siguiente.

Guardar el almanaque le dará una pauta de la dificultad con la que se enfrenta.

Es muy importante que pueda asignar un día para el inicio del proceso de dejar de fumar. Eso lo llevará a tomar verdadera conciencia del arduo camino que está por iniciar.

Si, pasados tres meses, no pudo asignar una fecha precisa, pregúntese qué le está pasando, qué siente, qué miedos afloran, a qué le teme. Escriba todo lo que sienta y piense, y reléalo día por medio.

Si pasado el tiempo no logra poner en práctica esta técnica, recomendamos intentarlo con la Técnica 3.

Técnica 3

La mayoría de las veces, decidir dejar de fumar para siempre acarrea un caudal de angustia que el fumador no puede tolerar. La angustia produce que la persona se paralice y no pueda llegar a la acción.

En estos casos, lo mejor es ir de a poco.

Esta técnica consiste en que usted elija un día de la semana para no fumar.

Trate de elegir un día en el que las obligaciones se encuentren reducidas o en el que pueda permanecer en ambientes que no lo inciten a fumar.

El día que usted ha elegido para no fumar, debe respetarse a rajatablas. Retire de su vista el atado de cigarrillos y los encendedores; trate de no ingerir bebidas excitantes (como café, mate o alcohol); tenga a mano jugos de frutas y frutas frescas para paliar los momentos de ansiedad.

Intente acostarse temprano ese día, pues de esa forma reducirá la cantidad de tiempo que permanece despierto y con riesgo de prender un cigarrillo.

A medida que usted logre cumplir con esta meta, incorpore otro día de la semana para no fumar.

 El tabaco produce enfisema pulmonar.

Día a día y paso a paso, es el mejor modo de llegar a la meta propuesta. No intente hacer todo de una vez, no trate de aplicar todas las técnicas juntas y en un corto lapso. Es preferible que elija una manera de hacer su intento y ver cómo resulta.

Recuerde que el dejar de fumar es un proceso, y en ese sentido, deberá subir un escalón por vez.

CONSEJO

Cuando decida dejar de fumar, coméntele su decisión a las personas más cercanas, para que lo ayuden en los momentos de ansiedad o irritabilidad.

Pero no lo proclame a los cuatro vientos, porque lo único que conseguirá es que todas las personas que lo rodean estén pendientes de sus progresos o fracasos, y muchas veces, aunque los demás no sean conscientes, ejercen una marcada presión psíquica. No existe nada peor para quien está batallando contra la adicción al tabaco, que tener tras de sí a un séquito de personas interiorizándose en si fumó, por qué lo hizo, cómo está lidiando con la ansiedad, o bien contándole sus propias maneras de interpretar la situación.

Evítese presiones extras. Elija bien a quién contarle y a quién no.

Técnica 4

Esta técnica consiste en que usted sea consciente de la cantidad de cigarrillos que fuma al día, y del período que transcurre entre el momento en que apaga un cigarrillo y enciende otro.

Para lograr esto, es necesario que tenga a mano una libreta de tamaño mediano y un lápiz, elementos que, a partir de este momento, lo acompañarán durante toda la jornada.

Designe un día para comenzar a realizar esta técnica, y consigne esa fecha en la primera página de la libreta.

Cada vez que encienda un cigarrillo, deberá anotar el número de cigarrillo que fuma, la hora en que lo fuma y escribir una breve explicación de por qué encendió ese cigarrillo. (Primero debe encender el cigarrillo, y recién después abrir la libreta de anotaciones.)

 Nunca fume estando embarazada.

Puede tomar el siguiente esquema como modelo:

Cigarrillo Nro.	Hora	Lo encendí porque...
1	8:30	Me desespera no fumar un cigarrillo mientras desayuno.
2	9:15	Me sentía ansiosa.
3	10:45	No sé
4	11:30	Estuve hablando con una amiga por teléfono
5	12:35	Sentía unas tremendas ganas de fumar
6	13:15	Me quedé esperando a que la comida se cocinara en el horno
7	14:30	Siempre tomo café y fumo un cigarrillo después de comer
8	16:00	Me desperté de la siesta con ganas de fumar

Al finalizar cada día, lea atentamente las anotaciones. A medida que los días transcurran se dará cuenta de la cantidad de cigarrillos que en verdad fuma. Preste mucha atención al lapso que transcurre entre cada cigarrillo y las explicaciones que le asigna a cada uno.

Tome conciencia de los factores que lo inducen a fumar, como por ejemplo, hablar por teléfono, esperar a que se cocine la comida, sentarse a ver televisión, tomar café, sentarse a leer un libro, etc.

Cuando descubra qué factores son los que más lo llevan a fumar, trate de modificar el contexto en el que se da ese factor o la forma en que lo lleva a cabo.

Por ejemplo, si la mayor cantidad de cigarrillos los fuma cuando habla por teléfono, intente reducir el nivel de sus conversaciones, deje el atado y los encendedores en lugares alejados del teléfono, siéntese a hablar por teléfono con una jarra de agua o jugo a su lado y beba el contenido cada vez que piense en sus ganas de fumar.

Practique esta técnica durante un mes. Si transcurrido este tiempo, su nivel de consumo no se ha modificado o lo ha hecho mínimamente, deberá acompañar cualquier nueva técnica con ayuda externa.

En este caso, lo mejor será recurrir a su médico, a un espacio terapéutico o a algún grupo de ayuda para dejar de fumar.

La importancia de esta técnica no radica en justificar cada cigarrillo que encienda, sino en tomar conciencia de la profunda dependencia a la nicotina que padece.

Recurra a un profesional para que lo ayude a contener su extrema ansiedad.

Quiénes pueden ayudarlo

Tenga en cuenta que, en gran cantidad de hospitales, funcionan centros de lucha contra el tabaco, coordinados y dirigidos por grupos de profesionales de las diversas áreas de la medicina y la psicología.

En muchos centros hospitalarios también se organizan charlas informativas y de autoayuda, como las que ofrece la Liga Argentina de Lucha contra el Cáncer (Lalcec), caracterizadas por el lema "Chau Pucho".

La Fundación Favaloro cuenta también, en la Ciudad de Buenos Aires, con un grupo de profesionales dedicados a ofrecer cursos para dejar de fumar.

 La sensación de bienestar que produce el tabaco es engañosa.

CONSEJO

En la actualidad, existen productos químicos que contienen baja dosis de nicotina que se utilizan para sustituir al cigarrillo en el período de abstinencia. Entre ellos, los más destacados y que producen mayores ventajas en la lucha contra la adicción, son los chicles de nicotina y los parches transdérmicos.

• Chicle de nicotina: contiene de 2 a 4 miligramos de nicotina. Apenas comenzada la masticación, la nicotina empieza a llegar al cerebro, por lo que actúa con gran eficacia como sustituto del cigarrillo. La dificultad en su mejor aprovechamiento reside tanto en el mal sabor que deja en la boca y en la necesidad de ser disciplinado en su administración.

• Parches transdérmicos: no son tan eficaces como los chicles debido a que la nicotina que contienen llega al cerebro con mayor lentitud, por lo que la ansiedad se manifiesta en forma más abrupta. Sin embargo, muchas personas los eligen debido a la comodidad en su utilización. Existen parches cuya acción dura 16 horas ó 24 horas, según el nivel de nicotina que contengan. La elección por uno u otro dependerá del nivel de dependencia a la nicotina que posee el fumador. El parche se coloca en una porción de piel libre de vello (como puede *ser el hombro, la espalda o el muslo), y se retira al término del horario establecido, sustituyéndolo por uno nuevo.*

También puede adquirirse un spray nasal de nicotina, pero el mismo no es muy recomendado debido a las altas dosis de nicotina que contiene (próxima a los niveles de adicción).

¿Por qué es tan difícil prevenir la adicción al tabaco?

La mayoría de los fumadores ingresan al mundo del tabaco en la adolescencia, aunque hoy en día pueden verse a niños cercanos a la pubertad con un cigarrillo en la mano.

La pubertad y la adolescencia son épocas caracterizadas por grandes crisis, desde los cambios corporales hasta la búsqueda de la propia identidad, pasando por la necesidad de pertenecer a grupos de pares, todo ayuda para que el cigarrillo pueda entrar con facilidad.

Pero además, existen otros factores que dificultan la prevención y que también es necesario tener en cuenta, para evitar recaídas, a la hora de decidir dejar de fumar. Estos factores son:

- Publicidad sumamente atractiva.
- Publicidad que muestra un status de vida alto.

- *Publicidad asociada a eventos deportivos.*
- *El placer inmediato que provoca la nicotina.*
- *Camaradería y aceptación que se da entre un grupo que fuma.*
- *Enfermedades que se evidencian recién a largo plazo.*
- *Sensación de compañía frente al sentimiento de soledad.*
- *Facilidad con que se obtiene el tabaco y lo económico de su valor*

Técnica 5

Esta técnica apunta a calmar el deseo de fumar a través de diversas actividades, prácticas y sencillas de realizar.

Cuando sienta un deseo extremo de fumar, ponga en práctica alguno de los siguientes ítems.

- Salga a caminar, dejando en el hogar los cigarrillos y el encendedor (si es que aún los conserva). No lleve dinero, a fin de evitar tentaciones.

- Tome un tiempo considerable para cepillar sus dientes. Cepíllelos la cantidad de veces que le sea necesario. Adquiera algún tipo de pasta dental que se destaque tener un sabor fuerte pero agradable.

• Realice ejercicios de respiración, inhalando y exhalando en forma pausada.

• Tenga a mano una jarra con jugo de frutas exprimidas. Beba la cantidad de veces que le sea necesario.

• Recurra a caramelos bajos en azúcares. Téngalos siempre a mano.

• Coma manzanas.

• Dese un baño de inmersión con sales y espuma. Relájese.

• Coma zanahorias, pues son un excelente sustituto del cigarrillo.

• Intente dormir.

• Ingiera gran cantidad de agua, preferentemente mineral.

• Si las ganas de fumar lo desbordan, recurra al chicle de nicotina (pero no abuse de él).

Día Mundial Sin Tabaco

En el año 1989, la Organización Mundial de la Salud (OMS), designó el 31 de mayo como el Día Mundial Sin Tabaco. La OMS tomó esta decisión como una forma de concientizar a la población mundial sobre los efectos nocivos del tabaco para la salud en general y sobrela necesidad de luchar contra esta adicción.

CONSEJO

Atenúe la ansiedad sin engordar

La mayoría de las personas que dejan de fumar sienten una incontenible necesidad de ingerir alimentos y bebidas. La ansiedad y la angustia que genera la falta de nicotina intentan canalizarse a través de la incorporación de otra cosa... ¿y qué mejor que los alimentos para sustituirla?

Muchos fumadores que plantean el deseo o la ncesidad de dejar de fumar manifiestan su miedo a engordar. Es factible que los primeros meses de abstinencia traigan aparejado un mayor peso corporal, pero éste puede controlarse y también reducirse siguiendo una dieta sana y un programa de ejercicios adecuado.

Cuando una persona decide dejar de fumar, está decidiendo, a la vez, cambiar su modo de vida. La salud implica no sólo no fumar, sino también alimentarse correctamente.

• *Los alimentos más recomendados para este período (y para el resto de su vida) son las verduras y frutas frescas. Consuma todas las que necesite cada vez que sienta deseos de fumar. Entre las verduras, las más indicadas para atenuar la ansiedad son las zanahorias y los apios. La mejor forma de consumirlas para este caso es crudas y sin trozar: tendrá sus manos ocupadas (hábito de los fumadores) a la vez que le tomará un tiempo considerable de masticación consumirlas.*

• *En cuanto a las carnes, consuma muy poca carne de vaca, mayor cantidad de pollo (retirándole la piel) y mayormente pescados.*

• *Consuma frutas secas en forma habitual.*

• *Saboree caramelos sin azúcar o con bajo contenido en ella.*

• *Ingiera abundante agua: le proporcionará un estado de satisfacción a la vez que purificará el organismo.*

• *Ingiera asiduamente jugos de frutas recién exprimidas.*

• *Además, es necesario que se disponga, rápidamente, a realizar algún tipo de ejercicio físico o práctica deportiva.*
Comience de a poco, no intente ir más allá de lo que su cuerpo en este momento puede hacer.
• *Si hace mucho tiempo que no realiza ejercicios, comience por practicar caminatas. Incremente, en forma pausada, el ritmo y la cantidad de cuadras recorridas.*
• *También puede optar por realizar ejercicios de yoga, que favorecen la respiración y relajación corporal.*

 No es cierto que el tabaco produzca un mayor rendimiento.

DESPEDIDA

Dejar de fumar es dejar de vivir atado a una adicción que, en la mayoría de los casos, lleva a la muerte prematura.

Al dejar de fumar, usted no sólo gana diez años más de vida, sino que, además, gana vivir de una manera saludable física y psíquicamente.

Si está convencido de eliminar el cigarrillo de su vida, no lo piense más: póngase en marcha ya. Hoy es el mejor día para iniciar el camino que lo llevará a una vida más plena y confortable.

No lo dude más: dígale adiós al cigarrillo y dele la bienvenida a la vida.

ÍNDICE

CAPÍTULO 6

CAPÍTULO 7

Este libro se terminó de imprimir en
GAMA PRODUCCIÓN GRÁFICA
Zeballos 244 - Avellaneda
Agosto de 2001